KB197702

소통이 어려운 나를 위한

데일 카네기
인간관계론 1

소통이 어려운 나를 위한

데일 카네기 인간관계론 1

원저 데일 카네기
글 · 그림 김재훈

Mirae N 아이세움

C O N T E N T S

1

제2부 사람들에게 호감을 얻는 6가지 원칙

그래서 학교도 잘 다니고, 운동도 열심히 하고,
맛있는 것도 많이 먹고, 관심사도 많이 늘리고
게임도 많이 하고 친구들과 많이 어울려 놀고,
부모님 말씀에 토도 많이 달고…그렇게 살고 있어.

물론 책도 많이 읽지.
문학책, 역사책, 철학책, 만화책, 고전, 과학책,
그림책, 여행책, 뭐든지 일단 많이 읽고 보는 거야.

하지만 난 자기계발서 같은 건 안 읽어.
성공하려면 이래라저래라 하면서
가르치려는 책 말이야.

그런 걸 뭐 하러 글로 배워?
각자 스스로 깨우치는 거 아냐?

잘 살고 성공하고 싶다면,
건강 관리 잘하고, 공부 열심히 하고,
친구들하고 사이좋게 지내면 되는 거지.

그런데 그 '사이좋게' 지내는 게
말처럼 쉬운 일이 아니거든요.

어쩌면 살면서 제일 어려운 게
인간관계를 잘 가꾸는 일일지도 모릅니다.

아직은 잘 모르실 테지만, 사실 인간관계에서
성공하는 게 곧 모든 성공의 바탕이 되거든요.

알 것 같은데?

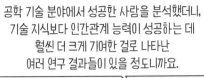

공학 기술 분야에서 성공한 사람을 분석했더니, 기술 지식보다 인간관계 능력이 성공하는 데 훨씬 더 크게 기여한 걸로 나타난 여러 연구 결과들이 있을 정도니까요.

근데 아저씨는 누구?

데일 카네기입니다. 바로 이 책, 《인간관계론》을 쓴 사람이죠.

자기계발서 같은데?

예, 하지만 그 분야에 전혀 관심이 없는 경자 씨에게도 큰 도움을 줄 수 있는 보석 같은 명작 고전이랍니다.

처음에는 사업상 인터뷰나 여러 사람 앞에서 본인의 생각을 효과적이고
침착하게 표현하도록 훈련하는 수업이었죠.

그런데 사람들에게 진짜 필요한 게 따로 있다는 사실을 깨닫게 됐죠.

바로 사람들과 잘 지내는 방법이었어요.

사람의 마음을 얻으며, 공감을 끌어내고, 친구를 사귀는 능력을
가르치는 방법 말이에요.

그런 능력 갖고 싶어.

그 유명한 록펠러는 이런 말을 한 적이 있어요.

사람을 잘 다루는 능력을 살 수 있다면
세상 무엇보다 비싼 대가를 지불하겠다.

난 곧장 강좌를 개설하고 교재로 쓸 서적을 찾아봤어요. 그런데 놀랍게도
사람들과 잘 지내는 방법에 관한 책이 단 하나도 없는 게 아니겠어요?

그토록 절실하고 값진
능력인데도 말이에요.

그래서 직접 쓰셨군.

참고할 만한 문헌, 법원 기록, 잡지 기사 등 수많은 기록을 찾아 읽었어요.

연구원을 고용해서 도서관의 자료들을 몽땅 뒤지게도 했죠.

또 모든 시대에 걸친 위인들의 전기를 빼놓지 않고 읽었을 뿐 아니라
당대에 성공한 인물들과 직접 인터뷰하기도 했어요.

그렇게 방대한 자료들을 모으고 정리해서 나는 '친구를 만들고, 사람을 설득하는 법'이라는 제목으로 강좌를 개설했는데, 이 강좌는 금세 알려지며 확장되었어요.

처음에는 엽서 크기의 카드 교재로 강의를 시작했지만, 수천 명에 달하는 수강생들이 겪은 경험과 사례들을 보태면서 책의 내용이 더욱 풍성해졌어요.

그 결과, 이 책은 각종 인간관계에서 마법과 같은 효과를 발휘하며 많은 사람의 삶을 변화시켰어요.

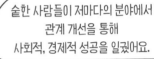

그런데 우리 프로그램에서 도움을 받은 사람들이
원래 지식이 부족하거나 무능한 사람들이 아니었어요.

3개 국어에 능통한 데다가 학위도 두 개나 있는 지식인이나 하버드 대학을
졸업한 부유한 사업가도 있었는가 하면 한때 유럽을 호령했던
호엔촐레른 가문 출신의 고급 장교 같은 명망 있는 인사도 있었어요.

그들은 우리 프로그램에서 배운 것들이 자신들의 삶의 현장에서
얼마나 놀라운 결실을 맺었는지를 알려 주려고 진심을 담아 내게 편지를 보냈어요.

친애하는 데일 카네기 선생님께.
제 놀라운…

이런 15년간의 연구와 참여자들의
실천 경험들로 이 책이 꾸려졌답니다.

이 책을
최대로 활용하는
9가지 방법

1. 간절함을 가져라
인간관계의 원칙을 통달하겠다는 절실한 욕구를 키워요.

2. 반복해서 읽어라
한 장을 최소 두 번 이상 읽은 후에 다음 장으로 넘어가세요.

3. 적용 방법을 고민하라
읽다가 종종 멈추고, 책의 내용을 어떻게 일상에 적용할 수 있을지 스스로 질문해 보세요.

4. 중요한 내용에 표시하라
기억하고 싶은 중요한 부분에는 밑줄을 치세요.

5. 정기적으로 복습하라
매달 이 책의 내용을 복습하여 원칙들을 상기하세요.

6. 실생활에서 원칙을 적용하라
이 책을 실용서라고 생각하면서 기회가 있을 때마다 문제 상황에 적용해 보세요.

7. 게임으로 활용하라
원칙을 어길 때마다 친구에게 벌금을 내겠다고 제안해서 게임을 하듯 원칙을 익히세요.

8. 스스로 점검하라
당신이 얼마나 발전했는지 매주 점검하여 어떤 실수를 했고, 무엇을 개선했으며, 어떤 교훈을 얻었는지 생각해 보세요.

9. 기록을 남겨라
어느 원칙을 언제 어떻게 적용했는지 메모장에 기록하세요.

제1부

인간관계의 기본 원칙

1장

꿀을 얻고 싶다면
벌통을 걷어차지 말라

150명에 달하는 경찰들은 크롤리의 은신처를 에워싼 채,

주변 건물에는 기관총을 설치하고,

지붕에 구멍을 뚫고 최루탄을 쏴서 놈을 몰았어요.

'쌍권총' 크롤리는 완강하게 버티며 총을 난사했고 경찰도 응사했어요.

그 바람에 뉴욕 고급 주택가에 한 시간 넘게 총성이 천둥처럼 울려 퍼졌죠.

글을 쓰는 동안 흘린 피가 얼룩으로 남은 편지에

관계자 여러분께,

크롤리는 이렇게 썼다고 해요.

지금은 많이 지쳤지만 사실 전 착한 사람이에요.
절대 남을 해치지 못할 사람이지요.

그런 놈이 사형 선고를 받고
형장에서 남긴 말이 뭐였을까요?

스스로를 향한 책망과 반성?

천만에! 끝까지 자기변명이었어요.

시카고에서 악명 높았던 갱 두목 알 카포네도,

뉴욕에서 악독하기로 소문난 갱스터 더치 슐츠도,

하나같이 다 자신의 행위를 정당화했죠.

뉴욕의 싱싱교도소 소장이었던 루이스 로즈의 말에 따르면,

범죄자 중에서 자신을 나쁜 놈이라고 생각하는 사람은 거의 없다는 거예요.

그렇다면 과연 악당들만 그럴까요? 나, 경자 씨, 그리고 우리가 만나는 보통 사람들은 어떨까요?

하고 싶은 말이 뭐지?

자신의 과오를 좀처럼 인정하지 않고 다른 핑계를 찾으려는 건 누구나 마찬가지일 거예요.

그래서 범죄자와 악당들을 이해하라는 거야, 뭐야?

33

인간의 본성을 이해하자는 거죠.

어떤 본성?

어떤 경우에도 결코 비난을
달가워하지 않는 본성이요.

미국의 29대 대통령인 워런 하딩 재임 당시,
내무부 장관이었던 앨버트 폴은 공직자의 권력을 악용하여
자신의 이익을 취하는 비리 스캔들을 일으켰던 인물이죠.

Albert Bacon Fall

Warren G. Harding

그는 정부 비축유의 방출 업체를 경쟁 입찰하지 않고

친구에게 넘겨주며 대가로 거액의 현금을 챙겼을 뿐 아니라,

심지어 해병대를 동원해 지역 경쟁 회사들을 몰아냈어요.

결국 비리가 발각된 앨버트 폴은 감옥에 갔어요.
이 일로 하딩 행정부와 공화당은 정치적으로 큰 타격을 입었죠.
부패 정치인도 비난을 받아들이지 않는 건 악당, 폭력배들과 다르지 않았어요.

심지어 훗날 대통령이 된 허버트 후버가 그 사건을 떠올리며
넌지시 이야기했을 때, 폴의 부인은 악을 쓰며 억울해했다고 해요.

이렇듯 사람들은 어지간해선 자신을 향한 비난을
순순히 받아들이는 법이 없을 뿐 아니라,

자신을 제외한 다른 모든 이에게
비난의 화살을 되돌리는 경향이 있죠.

그래서 누군가를 탓하거나 비난해야 할 일이 있을 때
매우 신중해야 합니다.

사람을 잘 다루던 에이브러햄 링컨은 어땠을까요?

젊었을 때는 나도 남을 비판하고 조롱하는 걸 좋아했지만

서로에게 득이 될 게 없다는 걸 알게 된 이후 뚝 끊었지.

링컨이 삶의 지혜를 깨달은 후, 누군가를 책망하고픈 충동이 일 때 어떻게 했는지 볼까요?

남북 전쟁 당시
가장 치열했던
게티스버그 전투.

남군의
로버트 리 장군은
난관에 봉착했어요.

폭풍우로 범람한 강물과
쫓아오는 북군 사이에 껴서
진퇴양난에 빠진 거였죠.

이 사실을 안 링컨은
전쟁을 즉시
승리로 끝낼 희망에 부풀었고,

북군 사령관 미드 장군에게
리 장군을 공격하라고 명령했는데,

어이없게도 미드 장군은
공격에 뜸을 들였어요.

결국 비가 그치고 강물이 빠져 리 장군과 남군은 도망칠 수 있었죠.

링컨은 치밀어 오른 화를 담아

사령관에게 편지를 썼어요.

써 놓고 보내지 않은 그 편지는
훗날 링컨이 죽은 뒤
문서 더미 사이에서
발견됐답니다.

아마도 편지를 보냈다면
링컨의 기분은 나아졌겠지만
미드 장군은 링컨에게
악감정을 품을 게 분명했죠.

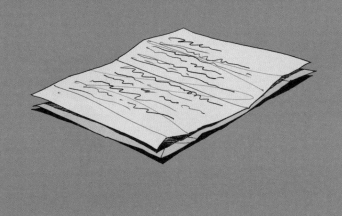

사실 비난은 쓸모없어요.
수세에 몰린 사람은 스스로를 정당화하고 방어적으로 만들죠.

또한 남을 향한 비난이란 전서구 같아서,
언젠간 자신에게 되돌아오기 마련입니다.

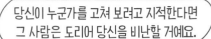

당신이 누군가를 고쳐 보려고 지적한다면
그 사람은 도리어 당신을 비난할 거예요.

그러니 순전히 이기적인 관점에서도
타인을 고치려고 애쓰는 것보다
나를 바꾸는 게 효율적일 거예요.

비판과 비난과 불평은 바보들도 할 수 있지만,

인품이 훌륭하고 자제력 있는 사람만이
다른 이들을 이해하고 포용한답니다.

원칙
01

다른 사람의 잘못을 지적하거나, 불평하거나,
비난하지 말라.
Don't criticize, condemn or complain.

2장

사람의 마음을 움직이는 핵심 비결

현대 심리학의 선구자인
지그문트 프로이트는 말했어요.

사람의 행동은 두 가지 동기에서 시작된다고요.

철학자 존 듀이는 좀 다른 표현을 썼어요.

심리학자이자 철학자인 윌리엄 제임스도 이렇게 말했죠.

인간 본성의 가장 깊은 곳에 있는
원칙은 인정받고 싶은 갈망이다.

자신이 중요한 사람이라고 느끼고 싶은 욕망은 인간과
동물을 구별 짓는 가장 큰 차이점 중 하나일 거예요.

인류에게 이 욕망이 없었다면 우리의 문명은 아예
생겨나지 않았을 거고 동물과 다를 바가 없었을 겁니다.

미주리주 농장에 살던 어린 시절, 아버지는 돼지와 소를 키웠어요.

우수한 품종으로 잘 키운 돼지와 소는
가축 품평회에서 1등 상도 여러 번 받았죠.

아버지는 상으로 받은 파란 리본을 매우 자랑스러워했답니다.

피란 리본은 돼지에겐 관심 밖의 물건에 지나지 않지만 아버지에게는 자신이 중요한 사람이라는 느낌을 갖게 해 주는 욕망의 상징이었기 때문 아니겠어요?

이러한 욕망이 가난했던 한 청년으로 하여금
법률 공부에 매진하도록 했고,

난 중요해야 해!

그 청년은 위대한 업적을 남긴 대통령이 되었어요.

에이브러햄 링컨!

찰스 디킨스가 불후의 명작을 쓸 수 있었던 것도,

크리스토퍼 렌이 예술적인 석조 건물을 설계한 것도,

존 록펠러가 엄청난 부를 축적할 수 있었던 것도,

조지 워싱턴조차 사람들이
'미합중국 대통령 각하'라고 깍듯이 불러 주길 바랐고,

콜럼버스는 '대양 제독 겸 인도 부왕'이라는 칭호를 간청했으며,

러시아의 예카테리나 2세는
'여왕 폐하'라는 존칭이 없는 편지는 뜯어보지도 않았어요.

앞에 열거한 위인들만 그럴까요?
경자 씨도 다르지 않을 텐데요?

뭐가?

중요한 사람으로 인정받고
싶지 않으세요?

물론 그렇지.

사실 우리 모두가 그래요. 한결같이
자신이 중요하다는 인정을 갈구하죠.

찰스 슈와브는
주급 50달러면 후하던 시절에
미국 최초로 연봉 100만 달러를 넘긴
성공한 인물이었어요.

Charles
Schwab

내가 아는 한 그 정도 대우 받은 사람은
그 시절 슈와브 포함 딱 둘 뿐이었어요.

요즘 가치로도 1500만 달러,
초고소득인데?

철강왕으로 불린 앤드루 카네기는
일찍이 슈와브의 자질을 알아보고
1901년에 자신이 설립한 US스틸의
초대 회장으로 고용했죠.

내가 사람 보는 눈이 좀 있거든.

Andrew
Carnegie

슈와브의 어떤 능력을 보고 회사의
실권과 고액 연봉을 줬을까요?

천재라서?

제철 분야의 전문가라서?

슈와브의 진가는 따로 있었지요.

슈와브가 나에게 직접 말하길

보통 사람은 일이 안 풀리면 책임을 물으며 야단을 치죠.

하지만 슈와브는 그 누구도 비판하지 않고,

진심으로 칭찬하며 격려했죠.

그런 능력의 진가를 높이 본 앤드루 카네기가 대단했네?

카네기 역시 칭찬으로 사람들을 격려했으니깐.

오죽하면 카네기는 묘비명에도 이렇게 썼대요.

자기보다 더 현명한 사람들을 곁에 둘 줄 알았던 자, 여기 잠들다.

존 록펠러

John D. Rockefeller

록펠러의 동업자였던 에드워드 베드퍼드라는 사람이
실수로 회사에 막대한 손해를 끼친 적이 있었죠.

남미에서 물품을 잘못 구매하는 바람에….

자네가 이번에 날린 돈이
100만 달러쯤 되지?

딴사람 같았으면 엄청 추궁했겠죠?

하지만 록펠러는 달랐어요.

비난이나 원망 대신 칭찬과 격려를 했어요.

아첨은 입에서만 나오며,

이기적이며,

진심이 아니에요.

물론 아첨에 잘 넘어가는 사람들도 있긴 해요.

그러나 좋은 결실을 맺지는 못 하죠.

왜냐하면 현명한 사람들은 아첨을 간파하거든요.

아첨과 칭찬의 차이는 진심이 담겼는지 여부예요.

그럼 어떻게 입에 발린 아첨이 아닌 진실된 칭찬을 할 수 있어?

우린 시간의 95퍼센트를
나 자신에 관한 생각으로
보내죠.

하지만 잠시나마
나 말고 상대방의
장점을 생각해 본다면

그 사람에게 해 줄
진심 어린 칭찬은
얼마든지 찾을 수 있을 거예요.

위대한 사상가 랄프 왈도 에머슨이 말한 것처럼요.

내가 만나는 사람은
누구나 나보다 뛰어난 점이 있다.
그 점을 통해 나는 그들을 더 잘 알게 된다.

Ralph Waldo Emerson

원칙
02

솔직하고 진실된 인정의 말을 건네라.
Give honest and sincere appreciation.

3장

상대가 스스로 원하게 하면
모든 걸 이룰 수 있다

물고기를 잡으려면
맛난 미끼를 써야 되는데,

크림 얹은 딸기를 좋아하는
나의 취향은 중요하지 않죠.

낚시할 땐 물고기의 욕구에
초점을 맞춰야 하니까요.

어쩌면 사람을 낚을 때도 똑같은 방식을 적용할 수 있지 않을까요?

해리 오버스트리트는 그의 뛰어난 저서
《인간 행동에 영향을 미치는 방법》에 이렇게 썼어요.

누군가 설득하기를 바란다면
상대가 그것을 간절히 원하도록 만들어라.

이렇게 할 수 있는 사람은 온 세상을 얻을 것이지만,
그렇지 못한 사람은 혼자가 될 것이다.

다른 사람이 원하는 걸 알려면
그 사람의 관점에서 생각해야죠.

이제부터 자신의 관점에만 머물러 있던 시선과
생각의 초점을 타인의 관점으로 옮겨 보도록 해요.

철학자이자 시인인 랄프 왈도 에머슨이
겪은 재미난 일화가 있답니다.

하루는 에머슨과 그의 아들이 송아지를
축사에 넣으려고 안간힘을 쓰고 있었어요.

난 밀 테니까, 넌 당겨.

두 사람은 오직 자기들이 바라는 것만 생각했죠.

이거 영 맘대로 되지 않는데?

아일랜드 출신 하녀가 지나다가 그 광경을 보았어요.

그녀는 에머슨처럼 멋지게 글을 쓸 줄은 몰랐지만
슬기로운 해법을 알고 있었어요.

하녀는 송아지가 뭘 원하는지 생각했죠.

자기 손가락 하나를 송아지가 쪽쪽 빨게 하면서

힘들이지 않고 축사로 데려갔어요.

이 대목에서 앞에 봤던 오버스트리트 교수의 말이 다시 떠오르지 않나요?

상대가 간절히 원하도록 만들어라?

그렇죠.

상대방을 내 뜻대로 움직이고 싶다면 내 입장만 고수하며 머물러 있지 마세요.

상대가 원하는 게 있는 곳에 내가 원하는 것도 있을지 모르니까요.

삶의 지혜는 꼭 유명한 대학을 나오지 않더라도 깨우칠 수 있어요.

앤드루 카네기가 그랬어요.

가난한 노동자 시절을 겪으면서 인간관계의 지혜를 깨우쳤죠.

어느 날 카네기는 처제의 넋두리를 듣게 됐어요.

카네기의 두 조카들은 멀리 예일대학에 다니고 있었는데,

자기 일로 너무 바빠 답장을 염두에 두지 않았죠.

카네기는 녀석들에게 답장을 받을 수 있다고 장담하며
100달러 내기를 제안했죠.

다행히 내기에 응한 사람이 있었어요.

카네기가 조카들에게 쓴 편지에는 별 내용이 없었어요.

다만 추신에 한마디 덧붙이고,

봉투에 돈을 넣지 않았죠.

그러자 친절한 안부 인사와 함께 즉각 답장이 날아왔죠.

그 다음 내용은 상상이 가죠?

저는 강연 시즌이 되면 뉴욕의 호텔 대연회장을 20일 동안 빌리곤 해요.

강연을 앞둔 어느 날, 호텔 측으로부터 황당한 통보를 받았죠.
지난번보다 무려 세 배나 많은 사용료를 받겠다는 거 아니겠어요?

보통의 경우라면 강력하게 따지면서 논쟁의 불을 붙였겠죠?

하지만 그런다고 상대가 순순히 철회하거나 양보할까요?

이틀 후, 전 호텔 지배인을 만나러 갔죠.

그러고는 종이를 한 장 꺼내서 가운데 선을 쭉 긋고,

양쪽에 각각 '장점', '단점'을 써 넣었어요.

그렇게 내가 원하는 바를 직접 거론하지 않고도
문제를 해결할 수 있었답니다.

세상은 자기 이익을 무엇보다 우선시하는 사람들로 가득 차 있어요.

반면 바라는 것 없이 다른 사람을 도우려는 사람들은 희귀하죠.

이게 뭘 시사하겠어요?

희귀? 희소가치?

맞아요! 이타심이 곧 경쟁력이 될 수 있다는 거죠.

오웬 영은 이렇게 말했어요.

다른 사람의 입장에서 생각할 수 있는 사람,
다른 사람의 사고방식을 이해할 수 있는 사람은
자신의 미래를 걱정할 필요가 전혀 없다.

Owen D. Young

원칙 03

다른 사람이 간절히 원하게 만들어라.
Arouse in the other person an eager want.

제2부

사람들에게 호감을 얻는 6가지 원칙

1장

상대에게 먼저
관심을 가져라

당장 내일이라도 길을 걷다가 마주칠 수도 있죠.

당신을 보면 반갑다고 꼬리부터 흔들 거예요.

다가가서 인사라도 할라치면 폴짝폴짝 뛰며 좋아할 거예요.

그런 애정 표현의 속내에는
어떤 꿍꿍이도 없답니다.

부동산을 팔려는 것도 아니고
결혼을 바라는 것도 아니에요.

그저 당신을 좋아할 뿐이에요.

친구를 사귀는 정말 타고난 재능이죠.

저도 어릴 적 '티피'라는 이름을 가진
노란 털의 강아지를 키웠죠.

앞마당에서 눈을 반짝이며 뚫어져라 길만 바라보다가
내 목소리를 듣거나 나를 발견하면 쏜살같이 달려와
껑충껑충 뛰면서 환희로 가득 차 짖어댔어요.

녀석은
어린 시절 나의 빛이었고
즐거움이었죠.

아마 모든 강아지들이 그럴 겁니다.

우리가 애쓰는 노력과 시간에 비해 훨씬 빨리 많은 친구를 사귀죠.

그저 축복받은 본능으로 상대에게 먼저 관심을 가짐으로써 말이에요.

사람들이 가장 많은 관심을 갖는 대상이 누구겠어요?

뉴욕전화회사는 사람들이 통화할 때
가장 많이 쓰는 단어가 뭔지 알아본 적 있어요.

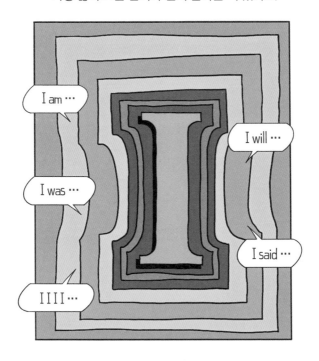

짐작하셨겠죠?

맞아요, 바로 인칭 대명사 '나'였어요.

많은 사람들로부터 사랑받았던
시어도어 루스벨트 대통령의 인기 비결이 뭐였을까요?

루스벨트의 여름 별장 관리인이었던
제임스 에이머스가 쓴 책에 일화를 하나 보죠.

한번은 에이머스의 아내가 대통령에게
메추라기에 관해 물은 적이 있는데,

사소한 거였지만 대통령은
성심껏 자세히 설명해 주었어요.

에이머스 부부는 대통령 사유지 내에 조그만 별채에 살고 있었는데,

하루는 대통령이 친히 집으로 전화를 걸어 왔답니다.

대통령이 전화한 용건은 놀랍게도,

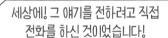

크네이플 주니어라는 사람의
사례를 볼까요?

그는 대형 체인점 회사에 연료를 납품하고 싶었지만
10년째 뜻을 이루지 못했죠.

당연히 그 회사가 미울 수 밖에 없었죠.

그래도 연료를 팔 궁리를 멈추진 않았어요.

그래서 난 그에게 색다른 시도를 해 보라며 한 가지 제안을 했어요.

체인점을 옹호하는 입장에서 토론을 이끌어 보라고 했죠.

토론에서 이기려면 체인점에 대해 잘 알아야 할 테니까,

그는 평소 경멸해 마지않던 체인점 회사의 임원을 찾아갔어요.

긍정적인 의도로 방문한 업자를 임원 또한 호의적으로 대했어요.

그리고 무려 1시간 47분에 걸쳐 열심히 이야기를 들려주었대요.

심지어 체인점에 관한 책을 쓴 다른 임원까지 불러서
이야기꽃을 피웠다고 해요.

마침내 사무실을 나설 때 임원이 그에게 마지막으로 한 말은….

10년간 해내지 못했던 걸
단번에 이룰 수 있었던 거죠.

왕좌에 앉은 사람이 아니더라도,
정육점 주인이건, 빵 만드는 사람이건,

우리 모두는 우리를 존경하는
사람들을 좋아합니다.

고대 로마의 유명한 시인이었던
푸빌리우스 시루스는 이렇게 말했지요.

우리는 남이 나에게 관심을 가질 때에야
비로소 그 사람에게 관심을 가진다.

Publilius Syrus

원칙
01

다른 사람에게 진정한 관심을 가져라.
Become genuinely interested in other people.

2장

마음에서 우러나오는 미소는
백만 달러의 가치가 있다

언젠가 파티에서 사람들에게 좋은 인상을
주려고 애쓰는 여성을 본 적이 있어요.

그녀는 흑담비 모피, 다이아몬드, 진주 등으로 온몸을 치장했더군요.

하지만 얼굴에서는 심술궂고 이기적인 기운을 내뿜고 있었죠.

좋은 표정이라 함은 물론 웃는 얼굴이겠죠?

뉴욕에 있는 어느 대형 백화점 채용 담당자에게 물어봤어요.

어떤 사람을 직원으로 뽑겠어요?

심각한 얼굴을 한 박사 학위 소지자?

마음에서 우러나오는 미소는 백만 달러의 가치가 있답니다.

뉴욕의 증권 거래소에서 일하는 윌리엄 스타인 하트는
웃음을 잃은 사람이었어요.

나는 프로그램에 참여한
윌리엄에게 숙제를 내줬어요.

무슨 숙제?

인생을 바꿀 과제요.

숙제는 바로 일주일 동안 매시간
누군가에게 미소를 보여 주라는 것이었죠.

아침에 일어나면 아내에게 웃으며 인사하고,

출근길 엘리베이터에서도,

회사에서도 웃으라고요.

처음엔 자기도 어색하고
마주하는 사람들도 당혹스러워하겠지만,
억지로라도 미소 짓고 웃으라고 했어요.

그렇게 아침 식탁에서도 웃고,

출근길에 만나는 사람들에게 웃으며 인사하고,

고객들도 웃으며 응대했어요.

자발적으로 유쾌해지는 확실한 방법은 말이야.

먼저 등과 어깨를 쫙 펴고,

이미 유쾌한 사람처럼 행동하고 말하는 것이야.

미소 짓는 데는 한 푼도 들지 않아요. 하지만 많은 결과를 만들어 내죠.
세인트루이스 카디널스 3루수 출신으로 세일즈 업계의 전설적인 인물이 된
프랭크 베트거도 자신의 성공 비결로 미소의 효과를 꼽았어요.

부상으로 선수 생활을 관두고 세일즈맨이 되었어.
처음엔 거듭 실패했지만 결국엔 크게 성공했지.

난 영업을 위해 고객의 사무실에
들어가기 전에 항상 이렇게 했어.

먼저 감사해야 할 것들을 떠올려.

그리고 진심에서 우러나온 커다란 미소를 짓지.

미소가 사라지기 전에 고객을 만나는 거야.

세상 물정과 이치에 밝았던 고대 중국인들은 이런 속담을 남겼죠.

얼굴에 미소가 없는 사람은
장사를 하면 안 된다.

미소 지어라.
Smile.

3장

이름을 꼭
기억하라

어린 시절에 아버지를 사고로 여의는 바람에,
장남이었던 그는 가족의 생계를 돌봐야 했어요.

10살부터 벽돌 공장에서 일한 탓에
고등학교도 제대로 다니지 못했어요.

하지만 나중에 민주당 전국위원회 의장과
미합중국 우정 장관까지 역임했죠.

짐 팔리는 어떻게 암담했던 현실을 극복하고
그런 정치적 성공을 거둘 수 있었을까요?

짐 팔리는 자기 이름이 소중히 기억되길 바라는 사람들의 마음을 헤아려
프랭클린 루스벨트 대통령의 당선에 혁혁한 기여를 했죠.

한번은 짐 팔리와 인터뷰를 한 적이 있어요.

짐 팔리는 석고 회사 세일즈맨 시절부터
새로운 사람을 만나면 그 사람의 이름,
가족이나 사업, 정치적 견해 등을
마치 그림을 그리듯 마음속에 새겨 두었대요.

그것들을 기억해서, 심지어
1년 후에 만나더라도 가족의
안부까지 친근하게 물었대요.

걸어 다니는
메모리 카드?

루스벨트 대통령의 선거 유세가 시작되기 몇 달 전부터
매일 수백 통이 넘는 편지를 서부 및 북서부 주의 유권자들에게 보내고,

19일 동안 20개 주를 돌며 어느 마을에서나 사람들과 만나
흉금을 털어놓으며 대화를 나눴어요.

그리고 동부로 돌아오자마자
그간 들렀던 마을마다 한 사람씩 편지를 써서
자신과 이야기를 나눈 모든 사람의 명단을 만들어 달라고 요청했어요.

당연히 명단의 사람들 모두
내가 친히 쓴 편지를 받아 보았지.

'친애하는 제인' 또는
'친애하는 조'처럼 자기 이름이 불리며
시작하는 각별한 편지를 말이야.

어때요?

대단한 정성이네?

사람은 세상 모든 이름을 다 합친 것보다 자기 이름에
더 관심 있다는 걸 짐 팔리는 일찌감치 알았죠.

145

앤드루가 꼬마였던 시절에

잡은 토끼 한 마리가 번식해 새끼 토끼들까지 키우게 되었는데

문제는 어린 토끼에게 먹일 풀이 부족했던 거예요.

누구나 자기 이름을 각별히 여긴다는 걸요.

그러고는 획기적인 아이디어를
생각해 냈어요.

카네기는 철강왕으로 성공하는 과정에서도 '이름의 마법'을 써먹었죠.

카네기가 펜실베이니아 철도에 자신의 철강 레일을 팔고 싶었을 때,

거기 사장 이름의 뭐야?

에드거 톰슨이요.

새로 짓는 공장에 그 회사 사장 이름을 보란 듯이 붙였어요.

에드거 톰슨 철강

저기다 철강 레일 주문해!

예! 에드거 톰슨 사장님!

카네기와 라이벌 조지 풀먼의 회사가 유니언 퍼시픽 철도의
침대차 사업권을 두고 맞붙은 적이 있었죠.

카네기가 먼저 두 회사를 합병하자고 제안했을 때,

조지 풀먼이 선뜻 내키지 않는 듯하자

'이름의 마법'을 또 한 번 사용했어요.

앞의 사례들을 보아 알 수 있듯,
우린 누구나 자기 이름이 소중하게 불릴 때 기뻐하고
또 오래도록 기억되길 바랍니다.

굳이 시간과 에너지를 들여
타인의 이름에 집중하고 잊히지 않도록
반복해서 마음에 새기려 들지 않기 때문이죠.

사람의 호의를 얻을 수 있는
가장 간단하고 자명한 방법,
이름을 기억하세요.

그리고 그 사람이
중요한 사람이라고
느끼도록 해 주세요.

원칙
03
누군가의 이름은 그 사람한테 세상 어떤 말 중 가장
달콤하고 가장 중요하게 들린다는 점을 명심하라.
Remember that a person's name is to that person the
sweetest and most important sound in any language.

4장

인내심 있게 들어 주고
공감해 주기

뉴욕의 한 출판사가 주최한 디너파티에서
저명한 식물학자를 만난 적이 있었거든요.

그날 파티에는 다른 손님들도 많았지만
난 줄곧 그 식물학자하고만 대화를 나누었어요.

이국적인 식물, 실내 정원부터
흔하디흔한 감자의 놀라운 사실까지!

몇 시간 동안 정말 많은 이야기를 나누었죠.

나중에 파티를 주최한 출판사가 내게 이런 이야기를 해 주더군요.
식물학자가 나한테 완전히 빠졌다고!

글쎄 나더러 '세상에서 가장 흥미로운 대화 상대'였다고
엄청 칭찬했다는 거예요.

상대방의 말을 경청하는 건 결코 쉬운 일이 아니죠?

그래도 그 힘든 걸 해낼 수만 있다면,

불만이 극에 달한 사람의 마음도 녹일 수 있답니다.

예전에 뉴욕전화회사의 서비스 센터 직원들이
악명 높은 고객에게 시달린 적이 있어요.

그자는 막무가내로 고함을 치며
욕설을 퍼붓기 일쑤였고,

신문에 투서하고,
공공서비스위원회에 불만 접수도 했죠.

한마디로 '진상'이었던 겁니다.

그 사람과 총 네 차례 만나는 동안 듣기만 했어요.

그가 조직했다는 단체의 회원으로도 가입했어요.

그러면서 차츰 화가 누그러져 사태는 종결되었어요.

겉으론 소비자 권리를 지키는
투사인 양 행동했지만
실제 속내는 따로 있었죠.

바로 자신이 '중요한 사람'으로
여겨지는 느낌에
목말랐던 거였어요.

이 느낌이야~!

상대의 고충에 귀 기울이는 것에 더해
상대가 원하는 바까지 들어준다면,

뜻하지 않게 더 많은 걸
얻기도 하죠.

그런 사례를 한번 볼까요?

지금은 세계적인 회사가 된 데트머 모직 회사를 설립한
줄리언 데트머의 일화예요.

어느 날 아침, 소매점 주인 한 명이
뿔이 난 채 들이닥쳤어요.

회사가 지급하라고 요구한 대금이 부당하다며
다짜고짜 따졌어요.

그러면서 그 대금은 절대 지급할 수 없으며
다시는 데트머 모직 회사와 거래하지 않겠다고 으름장을 놓았죠.

그때 줄리언 데트머가 조용히 나섰어요.

차분히 그의 이야기를 끝까지 들은 다음,

조용하고 정중한 말투로

상대방의 요청 사항을 들어주고,

더 나아가 친절한 사후 서비스까지 해 주었죠.

결과는 어땠을까요?

사무실로 돌아간 소매점 주인은
예전보다 훨씬 많은 양의 모직을 주문했어요,
그러고는 자기 장부에 착오가 있었다며
사과의 말과 함께 수표를 보냈죠.
그 이후로 줄곧 그분과 데트머는
고객이자 친구로 지냈답니다.

누가 말을 하든 오랫동안 듣고 있지 말아요.

뭔가 생각이 떠오르면 상대방의 말허리를 끊고 끼어들어요.

자신의 이야기만 늘어놓아요.

아무리 불평을 입에 달고 사는 사람이라도,
심지어 가장 격렬한 비판을 가하는 사람이라도,

귀 기울여 인내심 있게 들어 주고 공감하는 사람 앞에서는
누그러지기 마련입니다.

잭 우드포드는 《사랑에 빠진 이방인들》에 이렇게 썼어요.

상대방의 이야기를 몰입해서 들어 주는 건 일종의 아첨이다.
거기에 넘어가지 않을 사람은 거의 없다.

나도 그러하다.

Jack Woodford

원칙
04

잘 들어 주는 사람이 되어라.
상대가 자기 자신에 대해 이야기하게 하라.
**Be a good listener.
Encourage others to talk about themselves.**

5장

상대가 관심 있는 주제를
골라 이야기하라

그는 상대방이 관심 가질 만한 주제라면 어떤 것이든
상당한 수준으로 이야기를 나눌 수 있었다고 해요.

각기 다른 사람들의 다양한 관심 주제에 관해
감명 깊은 대화를 할 수 있었다는 거 아니겠어요?

찾아오는 사람들이 관심 가질 만한 주제를 밤늦게까지 공부한 것이죠.

뉴욕에 있는 제빵 납품 회사인 듀버노이 앤드 선즈의 헨리 듀버노이는

뉴욕의 한 호텔에 자기네 빵을 납품하고 싶었지만

여의치 않았어요.

줄기차게 호텔 지배인을 찾아가고,
아예 호텔에 장기 투숙까지 하면서 4년 동안 공을 들였지만 허사였어요.

정말 맛있는 빵인데, 드셔 보세요.

아침에 빵 먹고 나와서
점심은 제육볶음 먹을 거요.

그는 전략을 바꾸기로 마음먹고,

호텔 지배인의 마음을 사로잡는 게 무엇인지 알아보았더니,

'미국호텔운영자협회'라는 모임에 진심을 다하는 걸 알게 되었죠.

그에게 있어 협회는 단순한 친목 교류 목적이나
취미를 넘어 삶의 열정이었죠.

그래서 다음에 그를 찾아갔을 땐,

모든 걸 제쳐 두고 일단 협회 이야기를 꺼냈어요.

두 사람은 오직 그 한 가지 주제로 긴 대화를 나눴고,

헤어지기 전, 듀버노이에게 협회 가입을 권할 정도였어요.

그렇게 유쾌한 대화를 나누고 며칠 후,
호텔 측으로부터 전화를 받았답니다.

오직 상대의 관심에만 집중함으로써
그토록 바라던 걸 얻어 낸 것이죠.

예일대학교에서 문학을 가르치는
윌리엄 펠프스는 자신의 에세이《인간의 본성》에서
이 교훈을 얻게 된 일화를 소개했어요.

William Lyon Phelps

내가 8살 때, 강가에 있는 고모네 집에서 주말을 보낸 적이 있어.

하루는 손님으로 온 아저씨와
얘기를 나눴어.

넌 좋아하는 게 뭐니?

당시 난 보트에 푹 빠져 있었거든.

보트 아니면 뭐겠어요?

그래, 보트 좋지.

그래서 그 아저씨와
신나게 보트 얘기를 했지.

아저씨가 가고 난 후, 고모에게 물었어.

그 아저씨 완전
보트 전문가인가 봐.

전혀 아닌데?

그 아저씬 변호사야.
보트에 문외한이고.

?

근데 어쩜 그렇게
나랑 죽이 잘 맞았지?

상대방의 관심사를 대화의 주제로 삼으려면

그 주제에 관해 알아보고 공부하면서
내 관심과 지식의 폭도 넓어지겠죠?

그리고 마침내 상대의 마음을 얻는 결실도 거두게 되죠.

"럭셔리의 반대말은 빈곤함이 아니라 천박함이다."
라고 했던 코코 샤넬 여사님의 말 속에 샤넬이라는
브랜드의 진정한 가치가 함축되어 있다고 생각해.

너, 뭘 좀 아는구나.

원칙
05

상대의 관심사에 맞춰 이야기하라.
Talk in terms of the other person's interests.

6장

진심이 담긴 칭찬으로
이야기를 시작하라

하루는 뉴욕 33번가 8번로의 우체국에 줄을 서 있었는데

우체국 직원의 표정이 영 안 좋아 보이더라고요.

그 모습을 보고 생각했죠.

그래서 내 차례가 되었을 때, 그에게 이렇게 말했어요.

그 직원은 살짝 놀라면서도 얼굴에 미소가 가득했어요.

그는 분명 기분 좋은 하루를 보냈을 테고,
집에서 거울을 보며 뿌듯해했을 거예요.

수많은 친구를 얻을 수 있을 뿐 아니라
행복도 가져다줄 인간 행동의 중요한 한 가지 법칙이 있어요.
언제나 상대가 중요한 사람이라고 느끼게 하는 거죠.

코네티컷주에서 변호사를 하는 R은
롱아일랜드에 있는 아내의 친척 집을 방문했어요.

그 집에 도착해서 아내는 곧장 다른 친척들을 만나러 가고,
R은 이모님과 둘만 남게 되었어요.

R은 오래된 집에 관한
호평으로
말문을 연 다음,

이모님이 추억이 깃든
집안 곳곳을
소개해 줄 때마다,

기쁜 마음으로
관심을 보이며
호응했어요.

그리고 마지막에 차고로 가서는 새것이나 다름없는,
잘 관리된 패커드 승용차를 보여 주며

이모님은 놀라운 제안을 했어요.

평소에 관심도 안 두면서 나 죽고 나면 유산만 가져갈 친척에게 이 귀한 걸 주고 싶지 않아.

본 적도 없는 남에게 팔고 싶지도 않고.

이 차 임자는 자네야. 그러니 사양 말게.

노년을 고독하게 지내던 이모님은 R의 관심과 칭찬에 화답한 것이죠.

횡재했네그려.

코닥 필름의 창업주인 조지 이스트먼도 그랬어요.

그가 뉴욕 로체스터에 음악 대학과 공연장을 세울 당시,

슈피리어 의자의 회장 제임스 애덤슨은
이스트먼이 짓고 있던 건물에 의자를 수주하고 싶었어요.

그런데 어렵사리 이스트먼과의 만남을 주선해 준 건축가는
일이 결코 순조롭지 않을 거라 당부했죠.

이스트먼과의 첫 대면에서 애덤슨이 꺼낸 화제는
의자 이야기가 아니었어요.

그렇게 이스트먼의 구미를 당긴 대화가

그래요? 새삼 일깨워 주셨네.
처음 직접 꾸몄을 때 나도 무척
흡족했던 공간이라오.

몇 시간을 훌쩍 넘기는 동안

벽은 영국산 목재를 쓰셨네요?

딱 알아보시네! 내가
구경 좀 시켜 드리지.

별의별 얘길 다했죠.

난 번 돈으로 인류에
공헌하고 싶다오.

정말 훌륭하십니다!

예전에 난 무지 가난했다오.

심지어 집에까지 초대해 원 없이 이야기꽃을 피웠어요.

그렇게 두 사람은
친구가 되었답니다.

칭찬이 왜 효과를 발휘하는지 아세요?

거의 모든 사람들은 내심 스스로를
훌륭하고 중요한 존재로 여기거든요.

그런 자신을 알아봐 주는 사람을
좋아하는 건 당연하지 않을까요?

그 사람의 자부심이 깃든,
어떤 작은 것이든 칭찬하면서 이야기를 시작해 봐요.

설령 가시적인 성과가 없을지라도
그럴 만한 충분한 가치가 있답니다.

성경에도 이런 말씀이 적혀 있죠.

남에게 대접을 받고자 하는 대로 너희도 남을 대접하라.
(누가복음 6장 31절)

원칙
06

상대가 중요한 사람이라고 느끼게 하라.
그리고 진심으로 그렇게 행동하라.
Make the other person feel important and do it sincerely.

DALE
CARNEGIE

소통이 어려운 나를 위한
데일 카네기 인간관계론 1

원저 데일 카네기 | **글·그림** 김재훈
찍은날 2025년 2월 7일 | **펴낸날** 2025년 2월 18일 초판 1쇄
펴낸이 신광수 | **출판사업본부장** 강윤구 | **출판개발실장** 위귀영
아동IP파트 박재영, 박인의, 김규리
출판디자인팀 최진아, 당승근 | **저작권 업무** 김마이, 이아람
출판사업팀 이용복, 민현기, 우광일, 김선영, 신지애, 허성배, 이강원, 정유, 설유상, 정슬기, 정재욱, 박세화,
　　　　　　김종민, 정영묵, 전지현
CS지원파트 이형배, 이주연, 이우성, 전효정, 장현우
펴낸곳 (주)미래엔 | **등록** 1950년 11월 1일 제16-67호 | **주소** 서울특별시 서초구 신반포로 321
전화 미래엔 고객센터 1800-8890 **팩스** 541-8249 | **홈페이지 주소** www.mirae-n.com

©김재훈 2025

ISBN 979-11-7347-094-3 04190
ISBN 979-11-7347-093-6 (세트)